Space-Time Continuum Perpetual Diary

100 weeks of easy planning

Archi Medes

Published by:
Recursive Press
Alpha Centuri
Copyright 2047
All Rights Reserved

RecursivePress@galaxymail.com

ISBN-13:
978-1974587452

ISBN-10:
1974587452

If found, please return to

Name:

Address:

Phone:

Email:

Home Year:

Galaxy:

Worm Hole Ref:

Sector:

SATURDAY

MONDAY

TUESDAY

SUNDAY

ALPHA BETA GAMMA DELTA EPSILON ZETA ETA THETA IOTA KAPPA

<u>WEDNESDAY</u>	<u>THURSDAY</u>	<u>FRIDAY</u>

SATURDAY

MONDAY

TUESDAY

SUNDAY

WEDNESDAY

THURSDAY

FRIDAY

ALPHA BETA GAMMA DELTA EPSILON ZETA ETA THETA IOTA KAPPA

SATURDAY

MONDAY

TUESDAY

SUNDAY

WEDNESDAY

THURSDAY

FRIDAY

ALPHA BETA GAMMA DELTA EPSILON ZETA ETA THETA IOTA KAPPA

SATURDAY

MONDAY

TUESDAY

SUNDAY

ALPHA BETA GAMMA DELTA EPSILON ZETA ETA THETA IOTA KAPPA

WEDNESDAY

THURSDAY

FRIDAY

ALPHA BETA GAMMA DELTA EPSILON ZETA ETA THETA IOTA KAPPA

SATURDAY

MONDAY

TUESDAY

SUNDAY

WEDNESDAY   THURSDAY   FRIDAY

ALPHA BETA GAMMA DELTA EPSILON ZETA ETA THETA IOTA KAPPA

SATURDAY

MONDAY

TUESDAY

SUNDAY

ALPHA BETA GAMMA DELTA EPSILON ZETA ETA THETA IOTA KAPPA

WEDNESDAY

THURSDAY

FRIDAY

ALPHA BETA GAMMA DELTA EPSILON ZETA ETA THETA IOTA KAPPA

SATURDAY

MONDAY

TUESDAY

SUNDAY

ALPHA BETA GAMMA DELTA EPSILON ZETA ETA THETA IOTA KAPPA

WEDNESDAY

THURSDAY

FRIDAY

ALPHA BETA GAMMA DELTA EPSILON ZETA ETA THETA IOTA KAPPA

SATURDAY

MONDAY

TUESDAY

SUNDAY

ALPHA BETA GAMMA DELTA EPSILON ZETA ETA

SATURDAY

MONDAY

TUESDAY

SUNDAY

ALPHA BETA GAMMA DELTA EPSILON ZETA ETA THETA IOTA KAPPA

WEDNESDAY

THURSDAY

FRIDAY

ALPHA BETA GAMMA DELTA EPSILON ZETA ETA THETA IOTA KAPPA

SATURDAY

MONDAY

TUESDAY

SUNDAY

WEDNESDAY THURSDAY FRIDAY

ALPHA BETA GAMMA DELTA EPSILON ZETA ETA THETA IOTA KAPPA

SATURDAY

MONDAY

TUESDAY

SUNDAY

ALPHA BETA GAMMA DELTA EPSILON ZETA ETA THETA IOTA KAPPA

WEDNESDAY

THURSDAY

FRIDAY

ALPHA BETA GAMMA DELTA EPSILON ZETA ETA THETA IOTA KAPPA

JAN FEB MAR APR MAY JUN JUL AUG SEP OCT NOV DEC

SATURDAY

MONDAY

TUESDAY

SUNDAY

ALPHA BETA GAMMA DELTA EPSILON ZETA ETA THETA IOTA KAPPA

WEDNESDAY

THURSDAY

FRIDAY

ALPHA BETA GAMMA DELTA EPSILON ZETA ETA THETA IOTA KAPPA

SATURDAY

MONDAY

TUESDAY

SUNDAY

<u>WEDNESDAY</u>　　　<u>THURSDAY</u>　　　<u>FRIDAY</u>

SATURDAY

MONDAY

TUESDAY

SUNDAY

ALPHA BETA GAMMA DELTA EPSILON ZETA ETA THETA IOTA KAPPA

WEDNESDAY	THURSDAY	FRIDAY

ALPHA BETA GAMMA DELTA EPSILON ZETA ETA THETA IOTA KAPPA

SATURDAY

MONDAY

TUESDAY

SUNDAY

ALPHA BETA GAMMA DELTA EPSILON ZETA ETA THETA IOTA KAPPA

WEDNESDAY

THURSDAY

FRIDAY

ALPHA BETA GAMMA DELTA EPSILON ZETA ETA THETA IOTA KAPPA

SATURDAY

MONDAY

TUESDAY

SUNDAY

WEDNESDAY

THURSDAY

FRIDAY

SATURDAY

MONDAY

TUESDAY

SUNDAY

WEDNESDAY   THURSDAY   FRIDAY

ALPHA BETA GAMMA DELTA EPSILON ZETA ETA THETA IOTA KAPPA

SATURDAY

MONDAY

TUESDAY

SUNDAY

ALPHA BETA GAMMA DELTA EPSILON ZETA ETA THETA IOTA KAPPA

WEDNESDAY   THURSDAY   FRIDAY

ALPHA BETA GAMMA DELTA EPSILON ZETA ETA THETA IOTA KAPPA

SATURDAY   MONDAY   TUESDAY

SUNDAY

WEDNESDAY	THURSDAY	FRIDAY

ALPHA BETA GAMMA DELTA EPSILON ZETA ETA THETA IOTA KAPPA

SATURDAY   ## MONDAY   ## TUESDAY

SUNDAY

WEDNESDAY

THURSDAY

FRIDAY

ALPHA BETA GAMMA DELTA EPSILON ZETA ETA THETA IOTA KAPPA

SATURDAY

MONDAY

TUESDAY

SUNDAY

ALPHA BETA GAMMA DELTA EPSILON ZETA ETA THETA IOTA KAPPA

<u>WEDNESDAY</u> | <u>THURSDAY</u> | <u>FRIDAY</u>

ALPHA BETA GAMMA DELTA EPSILON ZETA ETA THETA IOTA KAPPA

SATURDAY

MONDAY

TUESDAY

SUNDAY

WEDNESDAY	THURSDAY	FRIDAY

SATURDAY

MONDAY

TUESDAY

SUNDAY

WEDNESDAY

THURSDAY

FRIDAY

ALPHA BETA GAMMA DELTA EPSILON ZETA ETA THETA IOTA KAPPA

SATURDAY | MONDAY | TUESDAY

SUNDAY

<u>WEDNESDAY</u>   <u>THURSDAY</u>   <u>FRIDAY</u>

ALPHA BETA GAMMA DELTA EPSILON ZETA ETA THETA IOTA KAPPA

SATURDAY

MONDAY

TUESDAY

SUNDAY

<u>WEDNESDAY</u> | <u>THURSDAY</u> | <u>FRIDAY</u>

ALPHA BETA GAMMA DELTA EPSILON ZETA ETA THETA IOTA KAPPA

SATURDAY

MONDAY

TUESDAY

SUNDAY

ALPHA BETA GAMMA DELTA EPSILON ZETA ETA THETA IOTA KAPPA

WEDNESDAY   THURSDAY   FRIDAY

ALPHA BETA GAMMA DELTA EPSILON ZETA ETA THETA IOTA KAPPA

SATURDAY

MONDAY

TUESDAY

SUNDAY

ALPHA BETA GAMMA DELTA EPSILON ZETA ETA THETA IOTA KAPPA

WEDNESDAY   THURSDAY   FRIDAY

ALPHA BETA GAMMA DELTA EPSILON ZETA ETA THETA IOTA KAPPA

SATURDAY MONDAY TUESDAY

SUNDAY

ALPHA BETA GAMMA DELTA EPSILON ZETA ETA THETA IOTA KAPPA

WEDNESDAY	THURSDAY	FRIDAY

SATURDAY

MONDAY

TUESDAY

SUNDAY

WEDNESDAY   ## THURSDAY   ## FRIDAY

ALPHA BETA GAMMA DELTA EPSILON ZETA ETA THETA IOTA KAPPA

SATURDAY

MONDAY

TUESDAY

SUNDAY

ALPHA BETA GAMMA DELTA EPSILON ZETA ETA THETA IOTA KAPPA

<u>WEDNESDAY</u> <u>THURSDAY</u> <u>FRIDAY</u>

ALPHA BETA GAMMA DELTA EPSILON ZETA ETA THETA IOTA KAPPA

SATURDAY

MONDAY

TUESDAY

SUNDAY

WEDNESDAY

THURSDAY

FRIDAY

SATURDAY

MONDAY

TUESDAY

SUNDAY

WEDNESDAY | THURSDAY | FRIDAY

<u>SATURDAY</u>   <u>MONDAY</u>   <u>TUESDAY</u>

<u>SUNDAY</u>

ALPHA BETA GAMMA DELTA EPSILON ZETA ETA THETA IOTA KAPPA

WEDNESDAY

THURSDAY

FRIDAY

ALPHA BETA GAMMA DELTA EPSILON ZETA ETA THETA IOTA KAPPA

SATURDAY

MONDAY

TUESDAY

SUNDAY

ALPHA BETA GAMMA DELTA EPSILON ZETA ETA THETA IOTA KAPPA

WEDNESDAY

THURSDAY

FRIDAY

SATURDAY

MONDAY

TUESDAY

SUNDAY

WEDNESDAY   THURSDAY   FRIDAY

SATURDAY

MONDAY

TUESDAY

SUNDAY

WEDNESDAY

THURSDAY

FRIDAY

ALPHA BETA GAMMA DELTA EPSILON ZETA ETA THETA IOTA KAPPA

SATURDAY

MONDAY

TUESDAY

SUNDAY

WEDNESDAY | THURSDAY | FRIDAY

ALPHA BETA GAMMA DELTA EPSILON ZETA ETA THETA IOTA KAPPA

SATURDAY

MONDAY

TUESDAY

SUNDAY

<table>
<tr><td>

WEDNESDAY

</td><td>

THURSDAY

</td><td>

FRIDAY

</td></tr>
</table>

JAN FEB MAR APR MAY JUN JUL AUG SEP OCT NOV DEC

SATURDAY

MONDAY

TUESDAY

SUNDAY

ALPHA BETA GAMMA DELTA EPSILON ZETA ETA THETA IOTA KAPPA

WEDNESDAY   THURSDAY   FRIDAY

ALPHA BETA GAMMA DELTA EPSILON ZETA ETA THETA IOTA KAPPA

SATURDAY

MONDAY

TUESDAY

SUNDAY

WEDNESDAY

THURSDAY

FRIDAY

SATURDAY

MONDAY

TUESDAY

SUNDAY

WEDNESDAY

THURSDAY

FRIDAY

ALPHA BETA GAMMA DELTA EPSILON ZETA ETA THETA IOTA KAPPA

SATURDAY

MONDAY

TUESDAY

SUNDAY

<u>WEDNESDAY</u>   <u>THURSDAY</u>   <u>FRIDAY</u>

ALPHA BETA GAMMA DELTA EPSILON ZETA ETA THETA IOTA KAPPA

SATURDAY

MONDAY

TUESDAY

SUNDAY

ALPHA BETA GAMMA DELTA EPSILON ZETA ETA THETA IOTA KAPPA

WEDNESDAY   THURSDAY   FRIDAY

SATURDAY

MONDAY

TUESDAY

SUNDAY

WEDNESDAY

THURSDAY

FRIDAY

ALPHA BETA GAMMA DELTA EPSILON ZETA ETA THETA IOTA KAPPA

SATURDAY

MONDAY

TUESDAY

SUNDAY

ALPHA BETA GAMMA DELTA EPSILON ZETA ETA THETA IOTA KAPPA

WEDNESDAY   THURSDAY   FRIDAY

ALPHA BETA GAMMA DELTA EPSILON ZETA ETA THETA IOTA KAPPA

<u>SATURDAY</u>

<u>MONDAY</u>

<u>TUESDAY</u>

<u>SUNDAY</u>

WEDNESDAY

THURSDAY

FRIDAY

SATURDAY

MONDAY

TUESDAY

SUNDAY

WEDNESDAY

THURSDAY

FRIDAY

ALPHA BETA GAMMA DELTA EPSILON ZETA ETA THETA IOTA KAPPA

SATURDAY

MONDAY

TUESDAY

SUNDAY

WEDNESDAY

THURSDAY

FRIDAY

ALPHA BETA GAMMA DELTA EPSILON ZETA ETA THETA IOTA KAPPA

SATURDAY

MONDAY

TUESDAY

SUNDAY

ALPHA BETA GAMMA DELTA EPSILON ZETA ETA THETA IOTA KAPPA

WEDNESDAY

THURSDAY

FRIDAY

ALPHA BETA GAMMA DELTA EPSILON ZETA ETA THETA IOTA KAPPA

SATURDAY

MONDAY

TUESDAY

SUNDAY

WEDNESDAY

THURSDAY

FRIDAY

ALPHA BETA GAMMA DELTA EPSILON ZETA ETA THETA IOTA KAPPA

<u>SATURDAY</u>

<u>MONDAY</u>

<u>TUESDAY</u>

<u>SUNDAY</u>

ALPHA BETA GAMMA DELTA EPSILON ZETA ETA THETA IOTA KAPPA

WEDNESDAY

THURSDAY

FRIDAY

ALPHA BETA GAMMA DELTA EPSILON ZETA ETA THETA IOTA KAPPA

SATURDAY

MONDAY

TUESDAY

SUNDAY

ALPHA BETA GAMMA DELTA EPSILON ZETA ETA THETA IOTA KAPPA

WEDNESDAY	THURSDAY	FRIDAY

ALPHA BETA GAMMA DELTA EPSILON ZETA ETA THETA IOTA KAPPA

SATURDAY

MONDAY

TUESDAY

SUNDAY

WEDNESDAY

THURSDAY

FRIDAY

ALPHA BETA GAMMA DELTA EPSILON ZETA ETA THETA IOTA KAPPA

SATURDAY

MONDAY

TUESDAY

SUNDAY

WEDNESDAY   THURSDAY   FRIDAY

SATURDAY

MONDAY

TUESDAY

SUNDAY

ALPHA BETA GAMMA DELTA EPSILON ZETA ETA THETA IOTA KAPPA

WEDNESDAY | ## THURSDAY | ## FRIDAY

ALPHA BETA GAMMA DELTA EPSILON ZETA ETA THETA IOTA KAPPA

SATURDAY

MONDAY

TUESDAY

SUNDAY

<u>**WEDNESDAY**</u>　　　<u>**THURSDAY**</u>　　　<u>**FRIDAY**</u>

ALPHA BETA GAMMA DELTA EPSILON ZETA ETA THETA IOTA KAPPA

SATURDAY

MONDAY

TUESDAY

SUNDAY

ALPHA BETA GAMMA DELTA EPSILON ZETA ETA THETA IOTA KAPPA

WEDNESDAY	THURSDAY	FRIDAY

ALPHA BETA GAMMA DELTA EPSILON ZETA ETA THETA IOTA KAPPA

<u>SATURDAY</u>

<u>MONDAY</u>

<u>TUESDAY</u>

<u>SUNDAY</u>

WEDNESDAY

THURSDAY

FRIDAY

<u>SATURDAY</u>

<u>MONDAY</u>

<u>TUESDAY</u>

<u>SUNDAY</u>

WEDNESDAY

THURSDAY

FRIDAY

ALPHA BETA GAMMA DELTA EPSILON ZETA ETA THETA IOTA KAPPA

SATURDAY

MONDAY

TUESDAY

SUNDAY

WEDNESDAY	THURSDAY	FRIDAY

ALPHA BETA GAMMA DELTA EPSILON ZETA ETA THETA IOTA KAPPA

SATURDAY

MONDAY

TUESDAY

SUNDAY

WEDNESDAY

THURSDAY

FRIDAY

ALPHA BETA GAMMA DELTA EPSILON ZETA ETA THETA IOTA KAPPA

<u>SATURDAY</u>

<u>MONDAY</u>

<u>TUESDAY</u>

<u>SUNDAY</u>

WEDNESDAY | THURSDAY | FRIDAY

ALPHA BETA GAMMA DELTA EPSILON ZETA ETA THETA IOTA KAPPA

SATURDAY

MONDAY

TUESDAY

SUNDAY

ALPHA BETA GAMMA DELTA EPSILON ZETA ETA THETA IOTA KAPPA

WEDNESDAY

THURSDAY

FRIDAY

ALPHA BETA GAMMA DELTA EPSILON ZETA ETA THETA IOTA KAPPA

SATURDAY | MONDAY | TUESDAY

SUNDAY

WEDNESDAY	THURSDAY	FRIDAY

ALPHA BETA GAMMA DELTA EPSILON ZETA ETA THETA IOTA KAPPA

SATURDAY

MONDAY

TUESDAY

SUNDAY

ALPHA BETA GAMMA DELTA EPSILON ZETA ETA THETA IOTA KAPPA

WEDNESDAY

THURSDAY

FRIDAY

ALPHA BETA GAMMA DELTA EPSILON ZETA ETA THETA IOTA KAPPA

SATURDAY | MONDAY | TUESDAY

SUNDAY

<u>WEDNESDAY</u>	<u>THURSDAY</u>	<u>FRIDAY</u>

ALPHA BETA GAMMA DELTA EPSILON ZETA ETA THETA IOTA KAPPA

SATURDAY

MONDAY

TUESDAY

SUNDAY

WEDNESDAY

THURSDAY

FRIDAY

SATURDAY

MONDAY

TUESDAY

SUNDAY

ALPHA BETA GAMMA DELTA EPSILON ZETA ETA THETA IOTA KAPPA

WEDNESDAY

THURSDAY

FRIDAY

ALPHA BETA GAMMA DELTA EPSILON ZETA ETA THETA IOTA KAPPA

SATURDAY

MONDAY

TUESDAY

SUNDAY

WEDNESDAY

THURSDAY

FRIDAY

ALPHA BETA GAMMA DELTA EPSILON ZETA ETA THETA IOTA KAPPA

SATURDAY

MONDAY

TUESDAY

SUNDAY

WEDNESDAY | THURSDAY | FRIDAY

ALPHA BETA GAMMA DELTA EPSILON ZETA ETA THETA IOTA KAPPA

SATURDAY

MONDAY

TUESDAY

SUNDAY

WEDNESDAY

THURSDAY

FRIDAY

ALPHA BETA GAMMA DELTA EPSILON ZETA ETA THETA IOTA KAPPA

SATURDAY

MONDAY

TUESDAY

SUNDAY

WEDNESDAY

THURSDAY

FRIDAY

ALPHA BETA GAMMA DELTA EPSILON ZETA ETA THETA IOTA KAPPA

SATURDAY

MONDAY

TUESDAY

SUNDAY

<u>WEDNESDAY</u>   <u>THURSDAY</u>   <u>FRIDAY</u>

ALPHA BETA GAMMA DELTA EPSILON ZETA ETA THETA IOTA KAPPA

SATURDAY

MONDAY

TUESDAY

SUNDAY

WEDNESDAY	THURSDAY	FRIDAY

ALPHA BETA GAMMA DELTA EPSILON ZETA ETA THETA IOTA KAPPA

SATURDAY

MONDAY

TUESDAY

SUNDAY

ALPHA BETA GAMMA DELTA EPSILON ZETA ETA THETA IOTA KAPPA

JAN FEB MAR APR MAY JUN JUL AUG SEP OCT NOV DEC

WEDNESDAY   THURSDAY   FRIDAY

ALPHA BETA GAMMA DELTA EPSILON ZETA ETA THETA IOTA KAPPA

SATURDAY

MONDAY

TUESDAY

SUNDAY

WEDNESDAY	THURSDAY	FRIDAY

SATURDAY

MONDAY

TUESDAY

SUNDAY

WEDNESDAY   THURSDAY   FRIDAY

ALPHA BETA GAMMA DELTA EPSILON ZETA ETA THETA IOTA KAPPA

SATURDAY

MONDAY

TUESDAY

SUNDAY

WEDNESDAY

THURSDAY

FRIDAY

ALPHA BETA GAMMA DELTA EPSILON ZETA ETA THETA IOTA KAPPA

SATURDAY

MONDAY

TUESDAY

SUNDAY

ALPHA BETA GAMMA DELTA EPSILON ZETA ETA THETA IOTA KAPPA

WEDNESDAY	THURSDAY	FRIDAY

ALPHA BETA GAMMA DELTA EPSILON ZETA ETA THETA IOTA KAPPA

SATURDAY

MONDAY

TUESDAY

SUNDAY

WEDNESDAY

THURSDAY

FRIDAY

ALPHA BETA GAMMA DELTA EPSILON ZETA ETA THETA IOTA KAPPA

SATURDAY   ## MONDAY   ## TUESDAY

SUNDAY

WEDNESDAY	THURSDAY	FRIDAY

SATURDAY

MONDAY

TUESDAY

SUNDAY

WEDNESDAY

THURSDAY

FRIDAY

ALPHA BETA GAMMA DELTA EPSILON ZETA ETA THETA IOTA KAPPA

SATURDAY

MONDAY

TUESDAY

SUNDAY

ALPHA BETA GAMMA DELTA EPSILON ZETA ETA THETA IOTA KAPPA

WEDNESDAY

THURSDAY

FRIDAY

ALPHA BETA GAMMA DELTA EPSILON ZETA ETA THETA IOTA KAPPA

SATURDAY

MONDAY

TUESDAY

SUNDAY

ALPHA BETA GAMMA DELTA EPSILON ZETA ETA THETA IOTA KAPPA

WEDNESDAY

THURSDAY

FRIDAY

ALPHA BETA GAMMA DELTA EPSILON ZETA ETA THETA IOTA KAPPA

SATURDAY

MONDAY

TUESDAY

SUNDAY

ALPHA BETA GAMMA DELTA EPSILON ZETA ETA THETA IOTA KAPPA

WEDNESDAY

THURSDAY

FRIDAY

ALPHA BETA GAMMA DELTA EPSILON ZETA ETA THETA IOTA KAPPA

SATURDAY

MONDAY

TUESDAY

SUNDAY

WEDNESDAY

THURSDAY

FRIDAY

ALPHA BETA GAMMA DELTA EPSILON ZETA ETA THETA IOTA KAPPA

SATURDAY

MONDAY

TUESDAY

SUNDAY

WEDNESDAY	THURSDAY	FRIDAY

ALPHA BETA GAMMA DELTA EPSILON ZETA ETA THETA IOTA KAPPA

SATURDAY

MONDAY

TUESDAY

SUNDAY

ALPHA BETA GAMMA DELTA EPSILON ZETA ETA THETA IOTA KAPPA

WEDNESDAY   THURSDAY   FRIDAY

ALPHA BETA GAMMA DELTA EPSILON ZETA ETA THETA IOTA KAPPA

SATURDAY

MONDAY

TUESDAY

SUNDAY

<u>WEDNESDAY</u>　　　<u>THURSDAY</u>　　　<u>FRIDAY</u>

ALPHA BETA GAMMA DELTA EPSILON ZETA ETA THETA IOTA KAPPA

SATURDAY

MONDAY

TUESDAY

SUNDAY

WEDNESDAY

THURSDAY

FRIDAY

ALPHA BETA GAMMA DELTA EPSILON ZETA ETA THETA IOTA KAPPA

SATURDAY

MONDAY

TUESDAY

SUNDAY

WEDNESDAY

THURSDAY

FRIDAY

ALPHA BETA GAMMA DELTA EPSILON ZETA ETA THETA IOTA KAPPA

SATURDAY

MONDAY

TUESDAY

SUNDAY

WEDNESDAY

THURSDAY

FRIDAY

ALPHA BETA GAMMA DELTA EPSILON ZETA ETA THETA IOTA KAPPA

<u>SATURDAY</u>

<u>MONDAY</u>

<u>TUESDAY</u>

<u>SUNDAY</u>

WEDNESDAY	THURSDAY	FRIDAY

ALPHA BETA GAMMA DELTA EPSILON ZETA ETA THETA IOTA KAPPA

SATURDAY

MONDAY

TUESDAY

SUNDAY

ALPHA BETA GAMMA DELTA EPSILON ZETA ETA THETA IOTA KAPPA

WEDNESDAY

THURSDAY

FRIDAY

ALPHA BETA GAMMA DELTA EPSILON ZETA ETA THETA IOTA KAPPA

SATURDAY   ## MONDAY   ## TUESDAY

SUNDAY

ALPHA BETA GAMMA DELTA EPSILON ZETA ETA THETA IOTA KAPPA

WEDNESDAY

THURSDAY

FRIDAY

SATURDAY

MONDAY

TUESDAY

SUNDAY

ALPHA BETA GAMMA DELTA EPSILON ZETA ETA THETA IOTA KAPPA

WEDNESDAY	THURSDAY	FRIDAY

SATURDAY

MONDAY

TUESDAY

SUNDAY

ALPHA BETA GAMMA DELTA EPSILON ZETA ETA THETA IOTA KAPPA

WEDNESDAY

THURSDAY

FRIDAY

ALPHA BETA GAMMA DELTA EPSILON ZETA ETA THETA IOTA KAPPA

<u>SATURDAY</u>

<u>MONDAY</u>

<u>TUESDAY</u>

<u>SUNDAY</u>

WEDNESDAY

THURSDAY

FRIDAY

ALPHA BETA GAMMA DELTA EPSILON ZETA ETA THETA IOTA KAPPA

SATURDAY   ## MONDAY   ## TUESDAY

SUNDAY

ALPHA BETA GAMMA DELTA EPSILON ZETA ETA THETA IOTA KAPPA

WEDNESDAY

THURSDAY

FRIDAY

ALPHA BETA GAMMA DELTA EPSILON ZETA ETA THETA IOTA KAPPA

SATURDAY | MONDAY | TUESDAY

SUNDAY

WEDNESDAY   THURSDAY   FRIDAY

* 9 7 8 1 9 7 4 5 8 7 4 5 2 *